Adolf Glaßbrenner

Die jüngste Walpurgisnacht

Adolf Glaßbrenner: Die jüngste Walpurgisnacht

Erstdruck: Bern (Jenni, Sohn) 1844.

Neuausgabe mit einer Biographie des Autors
Herausgegeben von Karl-Maria Guth
Berlin 2016

Der Text dieser Ausgabe folgt:
Glaßbrenner, Adolf: Die jüngste Walpurgisnacht. Bern: Jenni, Sohn,
1844.

Die Paginierung obiger Ausgabe wird hier als Marginalie zeilengenau
mitgeführt.

Umschlaggestaltung von Thomas Schultz-Overhage unter Verwendung
des Bildes: Fritz Roeber, Walpurgisnachtsszene, um 1910

Gesetzt aus der Minion Pro, 12 pt

Verlag: Henricus - Edition Deutsche Klassik GmbH
Mörchinger Str. 33, 14169 Berlin, info@henricus-verlag.de
Druck: Libri Plureos GmbH, Friedensallee 273, 22763 Hamburg

Die Ausgaben der Sammlung Hofenberg basieren auf zuverlässigen
Textgrundlagen. Die Seitenkonkordanz zu anerkannten Studienausgaben
machen Hofenbergtexte auch in wissenschaftlichem Zusammenhang
zitierfähig.

ISBN 978-3-8430-1801-2

Bibliografische Information der Deutschen Nationalbibliothek

Die Deutsche Nationalbibliothek verzeichnet diese Publikation in der
Deutschen Nationalbibliografie; detaillierte bibliografische Daten sind
im Internet über www.dnb.de abrufbar.

Gegend zwischen Schierke und Elend.

ALTE HEXE.

> Landvolk läßt uns jetzt in Ruh',
> Setzt der Hex' nicht länger zu
> Mit dem Strohwisch brennend.
> Freigeist ist jetzt Hans und Kunz,
> Schießen auch nicht mehr nach uns,
> Den Aberglauben kennend.
> Doch aus Rechten und Verbot
> Blitzen wir mit Augen roth
> Gier noch auf sie nieder;
> Und Walpurgis reiten schier
> Nach dem kahlen Blocksberg wir,
> Treiben's lustig wieder.
> Heute gibt's der Geister viel!
> Ofengabel, Besenstiel
> Wichern vor Vergnügen.
> Tauschten droben gern mit euch,
> Könnten wir vom Teufelszeug
> Gute Reiter kriegen!

MEPHISTOPHELES *zu Faust.*

> Heut' wird dich's wahrlich nicht gereu'n
> Im Hexenritt mit mir umher zu schwirren!
> Zu jetz'ger Zeit, in solchen tollen Wirren,
> Wird mancher Geist und mancher Spuk dich freu'n.

Ihn betrachtend.

Doch, Freund, du kommst ja nicht vom Flecke!
Was reit'st du da für eine kranke Schnecke?

FAUST.

Ein Scepter ist's, das man mir gab
Aus deinem Stall, schon halb zerbrochen!

MEPHISTOPHELES.

Da lob' ich mir doch diesen krummen Stab,
Der hat noch seine frischen Knochen!
Sieh' nur die Sätze, die er macht!
Wie frisch und übermüthig, hör' ihn schnauben!

Lachend.

Solch alter Stock! Wer hätte das gedacht!
Man muß es sehen, um's zu glauben!

STEINALTE HEXE *springend.*

Heißa! Heißa! Tolles Leben!
Heute wird es Gaudium geben!
Eine angenehme Welt,
Deren Achse nur das Geld!
Drücken, wo die Stärksten drücken,
Wo es Noth thut, krummen Rücken;
Hinten offen, vorn verschlossen,
Lebt man immer unverdrossen!

MIKROKOSMUS *sitzt auf hervorragendem Felsstein und schaut
durch ein langes Fernrohr in's Thal hinab.*

Wie viel, unendlich viel schon unter mir!
Und noch hab' ich den Gipfel nicht erstiegen!
Kann ich von dort nicht auf zum Himmel fliegen,
Geh' wieder ich hinab nach Elend hier.

EINE DEUTSCHE EULE.

Was ich sehe, das ist schlecht,

Was ich meine, das ist recht.

Meine liebe Theorie,

Sage mir woher und wie.

MEPHISTOPHELES *zu Faust.*

Hier schnell vorüber, spute Dich!

Ich witt're Theorie!

Nichts ist so dumm und widerlich

Als ein gelehrtes Vieh.

MEHRERE TANZENDE HEXEN.

Lirum, larum, Löffelstiel,

Alte Weiber fressen viel.

Lirum, larum, Pappenstiel,

Alte Weiber klatschen viel.

Lirum, larum, Besenstiel:

Alte Weiber lüstern viel.

Lirum sind doch Alle *Leiber*!

Mädchen sind wie alte Weiber!

Lirum, larum geht das Rädchen;

Und die Männer wie die Mädchen!

DER ZEITGEIST *auf einer Schreibfeder reitend und schreiend.*

Mich zwickt's und beißt's an allen Enden!

Wie ich mich drehen mag und wenden,

Ich sitze fest im alten Dreck; –

Licht her! sonst komm' ich nicht vom Fleck.

FAUST.

Der will mit einer Feder weiter,

Das ist ein ungeschickter Reiter!

MEPHISTOPHELES.

Schlüg's nur der Narr mit seinem Schwert,

So liefe schon das kleine Pferd.

FAUST.

Die Gänse sollen retten, meint er wohl,

Ein ganzes Reich, wie einst das Capitol?
IRRLICHT.

> Gevatter Zeitgeist! Ich bin da!
> Aus meinem sumpf'gen kleinen Haus
> Kroch ich zu eurer Rettung 'naus,
> Als ich euch so in Ängsten sah.

MEPHISTOPHELES *zu Faust auf eine Gruppe verschiedener Geister deutend, die nach dem Gipfel des Brockens eilen.*

> Halt' an dein Pferd, und laß' uns hier verweilen;
> Ich sehe dort von Elend her
> Verkappte Ritter nach dem Blocksberg eilen;
> Dergleichen Volk ergötzt mich sehr.
> Hanswurste sind's des Himmels und der Hölle,
> Die mit den Menschen ihre Possen treiben;
> Wer sie erblickt, der richtet sie zur Stelle,
> Doch möcht' ich nicht das Urtheil unterschreiben.
> Die Guten sind so gut nicht, wie es scheint;
> Die Bösen nicht so böse, wie man meint.

DIE UNSCHULD *schnell vorüberreitend.*

> Der Rechte komme und die rechte Zeit:
> Zum Selbstmord bin ich stets bereit.

DIE SÜNDE.

> Ließ ich einmal die Menschenwelt im Stich,
> Die Langeweile wäre fürchterlich.

DIE LIEBE.

> Wären die Poeten nicht in der Welt,
> Man bekäme mich auch für Geld.

DER EGOISMUS.

> Wer in mir eine Bestie erkannt,
> Hat alle Menschen so genannt;
> Man sagt vor Allem erst: Ich,
> Käm' auch dahinter: liebe Dich!

Mehr aber noch huldigen mir,
Die da sagen: Wir.

DAS RECHT *sehr langsam reitend.*

Ein legitimer Stock, das letzte Wort
Zwischen Beiden schlepp' ich mich so fort.

DIE LÜGE.

Ich bin nicht häßlich von Natur,
Die Meisten mißbrauchen mich nur.
Die Wahrheit selbst erfröre schier,
Borgte sie nicht das Kleid von mir.

DIE WAHRHEIT.

Zart gegen sich und gegen Andre zart,
Das ist die beste Lebensart.

DIE GEDULD *keuchend.*

Gemach, ihr Freunde, langsam, mit Bedacht!
Ich bin zu dick, um mich so anzustrengen!
Das Deutschland ist für mich allein gemacht,
Da laß' ich mich nicht stoßen und nicht drängen.

DIE HERRSCHSUCHT *hinter sich zur Moral; Beide auf einer Nachtmütze reitend.*

So sitz' doch still auf deinem Pferdeschwanz,
Und laß' in Ruhe mich, mein alter Hans!
Ich will dich als Begleiter nicht verlieren.
Doch mußt du mich nicht selbst incommodiren.

DIE MORAL.

Ihr habt den schönen, breiten Platz da vorn;
Ich aber sitze auf der schmalen Spitze;
Ihr habt den Zügel, ich den Sporn –
Für mich ist's nicht gemächlich auf der Mütze.

FAUST.

Noch mehr bedaure ich das arme Pferd:
Die Reiter sitzen so *verkehrt.*

MEPHISTOPHELES *malitiös lachend.*

Mich dauert auch der arme Tropf:

Der Plumpste sitzt ihm grade auf dem Kopf.

DIE HOFFNUNG.

Überall hab' ich zu thun;

Mich martern sie ab, und sie selber ruhn! –

Gält ich nur mehr Verbrechen denn Tugend:

Kräft'ger wär's Alter, thät'ger die Jugend.

DIE REDLICHKEIT *an einem Stückchen Brote kauend.*

O du gemeines Menschenvolk, das mich verlacht!

Mit Hohn verfolgt, zur Bettlerin gemacht!

Die, welche sie Verbrecher nennen, sind nur dumm,

Und ihre größten Schurken laufen frei herum.

MEPHISTOPHELES *spuckt nach ihr.*

Hier, liebe, alte, zänk'sche Muhme,

Noch etwas Butter auf die Krume!

DIE EHRE *zur Redlichkeit.*

Ihr habt ganz recht, geliebte Muhme;

Doch geht's euch besser noch als mir;

Ihr findet doch ein wenig Speise hier:

Ich bin *Gespenst,* und zehr' an meinem Ruhme.

FAUST *zu Mephistopheles.*

Ich bitte dich, nun laß' uns weiter reiten;

Mich ekelt dieses viele Klagen an;

Es ist kaum mehr, als man zu allen Zeiten

Von uns, den Gottesaffen, sagen kann.

Jetzt fühl' ich's klar, du hattest Recht:

Die Menschen sind mehr dumm als schlecht.

Nur einen Fußtritt der Geduld!

Die Tugend ist an allem Unheil schuld!

DIE CENSUR *hinter ihnen.*

Gevatter Satan! Faust! ich bitte,

Laßt mich hinein in eure Mitte.

FAUST *wirft sie zu Boden.*

Verfluchter Geist, dich duld' ich nicht!
Giftkröte du, verpeste nicht die Luft!
Verdammtes Aas! Nichtswürdiger Schuft!
Die Hölle selbst speit dir in's Angesicht!

MEPHISTOPHELES.

Ei, ei, mein Freund, wer wird so böse werden!
Den treusten Diener schlägst und schimpfest du.
Ich bitte, schnüre doch das Herz dir zu,
Sonst hast du keine Ruhe hier auf Erden.
Die Offenheit bringt dich zu Schanden;
Das Schlechte ist einmal vorhanden.
Was schief, ist g'rad' – das G'rade nur ist schief
Das nennt man hier in Deutschland objectiv.

Nach einer Pause.

Und jetzt gib deinem Pferde einen Stoß,
Willst du nicht länger hier verweilen;
Laß uns hinauf zum Blocksberg eilen;
Dort oben ist der Teufel erst recht los.

WILDE JAGD.

Hu, hu, hu!
Immerzu, immerzu!
Ohne Rast, ohne Ruh!
Wau, wau, wau!
Kein Ohr für ein Au!
Husch, husch, husch,
Durch Wald und Busch!
Piff, paff, puh!
Immerzu, immerzu!

Nimmer ruht, nimmer ruht!
Ohne Kopf geht es gut!

*
* *

Auf dem Blocksberge.

MUTTERHEXE.

Mitternacht ist vorbei!
Nun singt und tanzt in bunter Reih'
Ihr Molche und Unholde,
Ihr Hexen und Kobolde;
Werft die Beine in die Höhe;
Doch zuvor schreit drei Mal Wehe
Über diese Welt,
Wo der Frühling Einzug hält;
Daß er sie nicht mag belehren,
Neues Leben zu begehren;
Daß die Menschen Knechte bleiben,
Daß sie Seelenwucher treiben,
Daß sie Andere betrügen,
Und sich selbst belügen;
Daß sie verläumden und lästern,
Dafür sorgt, ihr Schwestern!

GESCHREI DER HEXEN.

Wehe! Wehe! Wehe!

MEPHISTOPHELES.

Prosit, es geschehe!

MUTTERHEXE.

Und nun singt in Sieb'n mal Sieben,
Daß auch wir den Frühling lieben;
Singt und springt im bunten Kreis,

Zu des Satans Ehr' und Preis.

FRÜHLINGSLIED DER HEXEN.

Gesang und Tanz.

April ist fort, der Mai ist da!
Der Guckguck schreit es fern und nah;
Es blizt die Frühlingssonne;
Das Schwein grunzt auf vor Wonne;
Die Raupe kriecht auf grünem Blatt,
Und frißt sich wieder kugelsatt:
Das Freßen ist das Nächste.

Der Baum wird grün, der Vogel singt,
Das Thal wird warm, die Knospe springt;
Es pulst in allen Steinen,
Wir fühlen's in den Beinen.
Es denkt das schlaue Weib, daß Mann
Dem Frühling nicht mehr folgen kann:
Der Männer gibt es viele!

Die Lüsternheit ist neu erwacht;
Die Menschen kosen in der Nacht,
Denn Alles, was nothwendig,
Ist ihnen unanständig.
Die Tauben aber schnäbeln sich,
Und hinten girrt Herr Täuberich,
Und macht nicht lange Faxen.

Es grünt und blüht der volle Strauch,
Doch zeigt er oben Blüthen auch,
Die duftigen und bunten,

Die Schlange zischelt unten;
Da wo sich freut der Menschensohn,
Da freut sich auch der Satan schon,
Und faßt ihm in die Haare.

Der Fluß beginnt den alten Lauf,
Der Bach reißt seine Augen auf;
Das Meckern von den Schaafen
Läßt ihn nicht länger schlafen;
Die Schaafe beißen in das Gras,
Und saufen sich die Leiber naß,
Und sind damit zufrieden.

Die Krähe fliegt nun aus der Stadt,
Und was sie da gesehen hat,
Erzählt sie an dem Galgen,
Wo sich die Schwestern balgen;
Der Ochse aber nebenan,
Das ist der wahre Ehrenmann,
Läßt vor den Pflug sich spannen.

April ist fort, der Frühling da!
Poeten singen's fern und nah;
Trotz ihrer vielen Lieder
Kehrt er noch immer wieder!
Die Ketten aber welken *nie*!
Das ist die Hexen-Poesie,
Wo Alles blüht und dichtet!

EISENBAHNGEIST.
Ich jage sie aus Haus und Mist
Mit ihren sieben Sachen;

Wer wirklich etwas Großes ist.
Der darf auch breit sich machen.

IDEALIST *hinter ihm.*

Berechnen kann, du großer Geist, man nie,
Was deine Bahnen einst erwecken!
Es sind die Riesen-Arme, die
Die Völker sich entgegenstrecken. –

REALIST.

Ich bin im Grunde nicht dagegen;
Liegt nur erst eine gute Zahl,
So kann man billig auch die andern legen:
Die Ketten liefern dann das Material.

FAUST *zu Mephistopheles.*

Mich wundert, daß du dich vor diesem Geist nicht bangst?

MEPHISTOPHELES.

So lang das Geld besteht, wird mir nicht angst.

FALSCHER PROPHET.

Ihr stört mich mit dem Schrein und Springen;
Horcht auf, ich will jetzt Psalmen singen!

Er singt.

Die Welt, die Welt geht immer mehr zurück:
Als Schurke selbst macht man nicht mehr sein Glück!

ALTES WEIB.

Eins, zwei, drei, vier, fünf, sechse!

FALSCHER PROPHET.

Was wirfst du da in deinen Kessel, alte Hexe?

ALTES WEIB.

Eine Zunge, die immer gelogen!
Den Speichel eines Demagogen!
Einen hungrigen Eselsmagen!

Einen frischen Polizeikragen!
Ein Stück vom heiligen Kreuze,
Das ich mit Knoblauch beitze!
Nun schnell gerührt! Wenn's mir geräth,
So hast du einen Spiegel, Herr Prophet!

EIN FROSCH.

Lessing war ein großer Mann,
Ich bin auch nichts Kleines;
Strebe Jeder, wie er kann,
Mir gefällt nur Meines.

Alle die erzürnen mich,
Die was Tücht'ges leisten,
Weil sie dann so viel wie ich,
Sich zu sein erdreisten.

Weil's in mir nur quakt, nicht singt,
Haß' ich die Besinger;
Jeden, dem derlei gelingt,
Klopf' ich auf die Finger.

Alle Fliegen schnapp' ich fort,
Fort Genies und Dichter!
Einer ist was werth am Ort,
Das bin ich, der Richter!

Doch den Quaker, der erst *kommt*,
Nehm' ich zum Soldaten;
Da das Loben etwas frommt,
Wird mein Ruhm gerathen.

ANDERER FROSCH.

Kecker reckt der Kecke sich!

Quark nur quakt und kackt er!
Stracks Produkte mit Kritik
Packt' er und behackt' er!

Im Moraste huckt er,
Der Kloak-Charakter!
Gieren Auges guckt er;
Was er fängt, verschluckt er!

Mit den Krallen matscht er;
Jeden Quark bepatscht er!
Rieb sie rächend selbst an mir,
Plagte, quälte, schimpfte schier,
Als mein Lob für ihn erlosch!
Kecker Kerl, der kleine Frosch!

LAUS, FLOH, MÜCKE UND WANZE *im Ringeltanz.*

Zur Plage sind wir nur geschaffen,
Und haben Vettern hoch und hehr;
Man sieht nicht immer unsre Waffen,
Man fühlt sie aber desto mehr.
Es schmeckt uns süß, es schmeckt uns gut,
Das liebe, liebe Menschenblut!
Das ist des Glückes ächtes Kind,
Das so nur ist, weil And're sind.

PHANTASIE.

Durch alle Himmel möchte ich euch tragen;
Die Welt der Zauber hättet ihr im Nu:
Allein die Polizei hat mich beim Kragen;
Die Convention schnürt mir die Kehle zu.

EIN OPERNGUCKER.

Nur Oper, Oper! denn blos hinzublicken,
Und wonnig mit dem Kopf zu nicken,

Da halt' ich mit dem Pöbel Schritt!
Zum Schauspiel braucht man Geist, Verstand;
Die haben wir nicht stets zur Hand;
Da komm' ich mit dem Plebs nicht mit.
SHAKESPEARE.
Kein urkräft'ger Geist, keine Menschen, lauter Leute!
War ich verrückt, oder sind sie es heute?
Entweder, oder! denn ich gehöre,
Nicht in diese theediplomatische Sphäre! 21
Eure Dramen sind Handwerk, sind nimmer Dichtung!
Kein Leben, kein Wille, nur Spuck und Richtung!
Statt den Menschen aus seiner Seele zu erfassen,
Und ihn selber fühlen, denken und laufen zu lassen,
Führt ihr, mit mehr oder wen'ger Geschick,
Bildungs-Puppen am Tendenzenstrick!
SCHILLER *Arm in Arm mit Goethe.*
Weil sich mein reiner Geist dem Dunstkreis scheu entzogen;
–
Hat auch die Schönheit er, die Wahrheit nie betrogen, –
Weil ich zu hoch für sie, weil ich für sie im Fernen,
Ständ' tief ich unter dir, so schnattern die Modernen.
Doch könnt' ich selig auch durch alle Sphären fliegen,
Stets würd' ich, gleichen Werth's, an deinem Halse liegen!
GOETHE.
Ich bin die deutsche Erde, du der Himmel,
Du Ideal, ich das Gewimmel.
Auf zur Unsterblichkeit schwang sich ein Jeder:
Du brauchtest Flügel, ich nur eine Feder. 22
Mehr gelt' ich drum wohl einer Welt,
Die sich am Nahen, Kleinen hält;
Die sich, auflösend Trug und Schein,
Leib und Gedanken will befrein.

Sie träumt nicht, eh' sie gut gebettet;
Die Zeit ist Faust, – sie sei gerettet!
POLITIK.

Ich freße Titel, Geld und Orden,
Davon bin ich so dick geworden;
Und will ich fort, dient als Vehikel.
Von Zeit zu Zeit mir ein Artikel.
Halb offiziel: man meint, man sagt,
Man jubelt, freut sich, nie: man klagt.
Das Edelste ist mir Verbrechen;
Versprach ich, that ich mich versprechen;
Millionen mach' ich dumm und arm;
Nur Eins und Einen halt' ich warm.
FAUST.

Seitdem die Hure in der Welt.
Ist Gottes Mensch nur thätig Geld!
EIN PURPUR *flickend.*

O Königsthum,
Wo ist dein Glanz und Ruhm?
Die Welt ist verdreht:
Im Geist sucht sie die Majestät!
Kaum setz' ich hier den Flicken drauf,
Reißt dort ein größer Loch mir auf!
ASTRONOMIE.

Bei lichtem Tage können sie nicht funkeln:
Die Sterne glänzen nur im Dunkeln.
GEOGRAPHIE.

Mit Blutig-Roth, – mit Braun und Blau, –
Mit Schwarz auf Weiß sodann;
Mit Grün und Gelb, – mit Dunkelgrau –
Streich' ich die Kerker an. –

GENEALOGIE.

> Geboren O, gefüttert Sechszig Jahre;
> Im Einundsechszigsten auf goldner Bahre:
> Als ihm das † ich aufgericht't;
> War er's zuerst den Andern nicht.

24

PHILOSOPHIE.

> Was der gemeine Volksverstand
> Im Augenblick erkennt als wahr,
> Das prüf' ich schon zweitausend Jahr,
> Und hab's noch heute nicht erkannt.

FAUST.

> Gemeiner, edler Volksverstand,
> Wie schändlich bist du doch verkannt!

MATHESIS.

> Mich zu verbieten hat man noch vergessen;
> Ich lehre schon den Kindern Größen messen.

ALTE PÄDAGOGIK.

> In was wär' sonst wohl noch der Mensch auf Erden,
> Als mit dem Alterthum vertraut zu werden?

25

ZOLLGEIST.

> Mit Tabak, Rüben, Wein und Wurst,
> Mit Allem gegen Hunger und Durst,
> Mit dem Tausendfalt des Luxus,
> Mit dem ungehinderten Confluxus
> Der gesammten Lebenskleinheit:
> Schaff' ich die große deutsche Einheit!
> Verzeiht, wenn in dem Wirrwarr ich vergesse
> Die Volksvertretung und die freie Presse.

LUSTIGER VOGEL.

> Verbannt sind bald die Schergen und die Späher:
> Um einen Zoll sind wir der Freiheit näher.

HUMOR.

Das Volk will ich zu voller Würde bringen,
Den Prunk von aller Hohlheit niederreißen:
Mag mich die Mitwelt einen Narren heißen;
Als Helden wird die Nachwelt mich besingen.
Und will sie's nicht, so lasse sie es bleiben!
Wie mich es treibt, so will ich's wieder treiben!
Half ich nur kühn das Vorurtheil besiegen,
Dem Nachurtheil will gern ich unterliegen.

CYCLOP *schmiedend.*

Stark' geschlagen; bin nicht angst!
Schlechter Schmied, wenn du dich bangst!
Hastig, hastig, munter!
Ur-, Natur-Recht, dumm Geschwätz,
Gibt's doch nur *ein* Grundgesetz:
Drüber oder drunter!
Kraft, Gewalt bezwingt Natur!
Hartes Eisen, seufze nur;
Zisch' und sprüh' in Frieden!
Grade wenn es stöhnt und sprüht,
Wenn es seufzt und zischt und glüht,
Läßt sich's Eisen schmieden!

MEPHISTOPHELES *zu jungen Teufeln.*

Ehrt den Meister,
Kleine Geister!
Seid mir zu Gefallen;
Müßt mir lutschen an den Krallen,
Bart und Pferdefuß mir streichen;
Küßt mich, wo wir All' uns gleichen.
Hab' eben mit der schönsten Hex' getanzt,
Im Grase dann mich abgeranzt;
Bin wohlig rundherum!

Gebt mir einen Becher Feuer drum,
Und singt mein Lieblingslied mir vor,
Doch recht im hellen, gellen Chor.

JUNGE TEUFEL *aus Schädeln Feuer trinkend.*

Eigennutz und Priesterzwang!
Hier bei hohler Schädel Klang
Lassen wir euch leben!
Höllenfeuer, schmeckst so gut!
Bist du doch das gift'ge Blut
Aus des Hasses Reben.
Haß und Haß und Haß und Haß!
Heißa ohne Unterlaß,
Heißa, Haß soll leben!

Schinderweib, du Tyrannei,
Und dein Hund, die Sklaverei,
Ihr sollt ewig leben!
Und du, schönes Vorurtheil,
In dir liegt der Teufel Heil,
Sollst noch lange schweben!
Zeugst ja immer neuen Haß,
Heißa, heißa, heißer Haß!
Heißa, Haß soll leben!

Und auch dich, Philisterernst,
Der du Lust und Sang entfernst,
Lassen Teufel leben!
Dichtervolk, voll Geist und Muth,
Singt von Freiheit, diese Brut;
Macht die Hölle beben!
Tilge sie, du heißer Haß!

Heißa, ohne Unterlaß,
Heißa, Haß soll leben!

Dreck, der wieder wird zu Dreck!
Hi, hi, hi, kommst nicht vom Fleck!
Laß dein dummes Streben!
Du, des ew'gen Geistes Geck,
Kannst mit deinem Schweinespeck
Nimmer dich erheben!
Haß und Haß und Haß und Haß!
Heißa, ohne Unterlaß!
Heißa, Haß soll leben!

Bis die Nacht hat ausgeschnarcht,
Und die Lieb' ist eingesargt,
Woll'n wir uns verschnaufen.
Bis der junge Tag sich reckt,
Und der Neid die Krallen streckt,
Laßt uns tüchtig saufen!
Höllenfeuer, süßes Naß!
Heißa, heißa, heißer Haß!
Heißa, Haß soll leben!

SCHWINDELGEIST.

Ich liebe die Freiheit und habe Muth,
Ich sehe nicht ein, daß Alles gut;
Ich krieche nicht um Gold und Gunst:
Gebor'ne Größe ist mir Dunst.
Ich will das Gesetz für Alle gleich;
Ich glaube an Gott, aber nicht an euch.

FAUST.

Warum heißt dieser Geist nun Schwindelgeist?

MEPHISTOPHELES

Man nennt ja Manches anders, als es heißt.

LANDSTAND.

Gut zu achten bin ich da,

Ich achte gut – und sage Ja,

Laß' Millionen brummen;

Lad't man mich zu Tische ein,

Gibt mir eine Schleife fein,

Muß ich wohl verstummen.

Schnack! daß schon, so lang man denkt,

Mit den Schleifen man behängt,

Die Sünder und die Dummen. 30

BLEICHE GESPENSTER *im Chor.*

Zur Erde den Blick, zur Erde den Blick

Den Himmel *zum Vorwand*, die Erde *zurück.*

FAUST *zu Mephistopheles.*

Was tappen Die, als ob's zu helle wär',

Mit halb verbundnen Augen hin und her?

MEPHISTOPHELES *hustend.*

Das sind die Herren Pi–pi–etisten;

Sie spielen Blindekuh, die Christen.

Ein Jeder bindet sich die Augen zu,

Und wen er faßt, wird gleichfalls *blinde Kuh.*

FAUST.

Laßt sie nur Feuer speien, die dumme Schwärmerzunft!

Es fließet klar und ruhig der Strom noch der Vernunft!

Er löscht die glühenden Kugeln des Eifers gegen sich. 31

Und machet die Zeloten am Ufer lächerlich!

Nach einer Pause.

Doch Der, was predigt er, was schreit er?
MEPHISTOPHELES.

Das ist ein deutscher Mäßigkeiter.
FAUST.

Hier noch Vereine für die Mäßigkeit!
Nun steigen mir zu Berg die Haare!
Auf einen Rausch wart' ich schon lange Jahre,
Nun noch *Vereine* für die *Mäßigkeit*!
EIN LÖWE.

Verfluchte Hunde! Liberal
Ihr Lumpenkerls, ihr Wichte!
Ich hasse Schwindel und Scandal,
Und brülle nur Geschichte.
FAUST.

Der Löwe ist wohl nicht in Afrika geboren?
32
Mich dünkt er hat gewaltig lange Ohren.
LÖWE.

Das weiß sie nicht, die dumme Brut,
Was ihren Quark zerbricht:

Sich stolz erhebend.

Was existirt, das ist auch gut!

Stößt mit dem Kopf gegen eine Mauer.

Nur diese Mauer nicht.
LUSTIGER VOGEL *singend.*

Ich lobe mir das Schaf, den Esel und die Kuh;
Wer dumm ist von Natur, der hat ein Recht dazu;
Doch will ein kräft'ger Leu durchaus ein Esel sein,
So brüll' er, was er kann, wir hör'n nur *Ja* schrein.

ALTE LAHME KRÄHE.

> Ich zieh' mir die Kapuze über's Gesicht,
> Dann sieht man den Demagogen nicht;
> Und sähn die Blinden, daß ich sehe,
> Wer weiß, welch Unheil dann geschähe,

Hinkt weiter. 33

ZUFRIEDENER LYRIKER.

> Wann so die Welt in Zorn geräth.
> Sitz' ich am Bach und singe,
> Und nennt mich's Schätzle: Herr Poet,
> So bin ich guter Dinge.

FAUST.

> Der gute Kerl ist nicht gescheidt:
> So Süßes in so saurer Zeit!

MEPHISTOPHELES.

> Ein Jeder bringt zu Markte was er hat,
> Macht Andere, und auch sich selber satt.

FLEDERMAUS.

> Um die alte Kirche schweif' ich herum,
> Bald hier, bald da, gradezu und krumm,
> Daß ich den Trug bewahre!
> Kommt einer mit dem Licht daher,
> Husch, flieg' ich hinunter die Kreuz und Quer,
> Und gerathe ihm in die Haare.

ERNSTE GEISTER *Chor der Felsengesichter.* 34

> Vergebens *strebst* du, Menschensohn!
> Das Schicksal spottet Dein.
> Dem Höchsten auf dem höchsten Thron,
> Kannst du nur Werkzeug sein.
> Der Tropfen in dem Weltenmeer,

Muß rinnen immerfort;
Der goldne Stern im Sternenheer
Kann nicht herab von dort.
Der bunte Sänger muß entfliehn,
Sobald der Winter naht;
Der Lenz ist da, die Blumen blühn,
Heraus, du junge Saat!
Von dort her kommt die Sonne klar;
Sie sinket hier hinab;
Du kräft'ger Mann mit lock'gem Haar,
Wie bald mußt du in's Grab!

DIE HEXEN, TEUFEL UND MEPHISTOPHELES.
Verlacht der Menschen Pläne!
Das All geht seinen Lauf!
Die große Zeit-Hyäne
Frißt selbst die Leichen auf!

GEISTER DER LIEBE *Chor über dem Felsen.*
Nein, nicht zu seinen Puppen, schuf euch, den Alles preist!
Es lebt und webt ja selber in euch der große Geist.
In Gottes einem Willen der runden Ewigkeit,
Da bildet, *was ihr wollet*, die Loose und die Zeit!

Der Hahn kräht.

Biographie

1810 *27. März:* Adolf Glaßbrenner wird in Berlin als Sohn eines Schneidermeisters geboren.

1824 Aus kleinbürgerlichen Verhältnissen stammend, muß Glaßbrenner mit 14 Jahren das Gymnasium verlassen und eine kaufmännische Lehre beginnen.

1830 Er entschließt sich, nach ersten Arbeiten für Saphirs »Berliner Courier«, Journalist und freier Schriftsteller zu werden.

1832 Glaßbrenner wird, unter seinem bald populären Pseudonym »Brennglas« Herausgeber des wegen politischer Anspielungen verbotenen »Berliner Don Quixote«. Mit fünfjährigem Berufsverbot belegt, sucht er der Zensur durch Wechsel des Verlagsorts oder Mitarbeit an Zeitschriften anderer zu entgehen.
Verfasser erfolgreicher Groschenhefte, die als Einzeltitel oder in Serien wie »Berlin wie es ist und – trinkt« (33 Hefte, Berlin, später Leipzig 1832–1850) erscheinen.
Der »Berliner Eckensteher«.

1834 »Aus den Papieren eines Hingerichteten« (Berlin).
»Leben und Treiben der feinen Welt«, (Berlin).

1836 »Bilder und Träume aus Wien« (2 Bände, Leipzig).

1837 »Buntes Berlin« (15 Hefte, Berlin 1837–1853).

1838 »Herr Buffey in der Berliner Kunstausstellung« (4 Bände, Leipzig).

1840 Heirat mit der Wiener Schauspielerin Adele Peroni, ab dann Leben in Neustrelitz.

1844 »Verbotene Lieder« (Gedichtband, Bern).
»Die Berliner Gewerbe-Ausstellung« (2 Bände, Leipzig).
Jahresrevuen (Im Berliner »Guckkasten«, Leipzig) von

Lebens- und Genrebildern

1845 »Herrn Buffey's Wallfahrt nach dem heiligen Rocke« (Heidelberg).

1846 Selbst in die durch Karikaturen publikumswirksam aufbereiteten »Komischen Volkskalender« Glaßbrenners (17 Bände, Berlin und Heidelberg 1846–1867) finden seine Werke Eingang. Glaßbrenners Berlin-Mosaik stößt auf politische und sittliche Vorbehalte der Zensur und führt zur gesellschaftlichen Ächtung.

1846 Das bei Erscheinen sofort verbotene komische Tierepos »Neuer Reineke Fuchs« (Leipzig) wird Jahre später aufgelegt.
»Komischer Volkskalender« (20 Hefte 1846–1867).

1848 Führer der Demokratischen Partei in Neustrelitz.
Nach Ausbruch der Revolution kehrt Glaßbrenner nach Berlin zurück und gibt die politisch-humoristischen »Freien Blätter« heraus. Seine Revolutionserfahrungen dokumentiert er im »Komischen Volkskalender«.

1849 »März-Almanach« (Leipzig).

1850 »Kaspar der Mensch« (Heidelberg).
Als politisch unbequem des Landes verwiesen, geht Glaßbrenner nach Hamburg, arbeitet als Beiträger für mehrere Periodika und gibt selbst kurzlebige humoristische Zeitschriften wie »Ernst Heiter« (1856) und »Phosphor« (1857–1858) heraus.

1851 In Form von Kinder- und Märchenliteratur: »Die Insel Marzipan« (Heidelberg/Frankfurt)

1852 »Komische Tausend und Eine Nacht« (4 Hefte, Heidelberg).

1855 Komisches Gedicht »Die verkehrte Welt« (Frankfurt am Main).

1858 Wieder nach Berlin zurückgekehrt, um sein Bürgerrecht nicht zu verlieren, betreut Glaßbrenner als Redakteur verschiedene Zeitungen.

1859   »Humoristische Table d'hôte«.

1868   Als Verleger betreut er die »Berliner Montagszeitung«. Daneben schreibt er nun für neu als »Eisenbahn-Reiseliteratur« entstandene Reihen, in denen er seit den »Humoristischen Plauderstunden« (Wien) bis 1869 sechs weitere Bände, vor allem mit Novellen, publiziert.

1876   *25. September*: Adolf Glaßbrenner stirbt in Berlin; seine Grabstätte befindet sich ebenda auf dem Jerusalemer Friedhof.